Andreas Erlenburg   Leise raschelt Seide

AF235853

Andreas Erlenburg ist das Pseudonym eines in
Deutschland geborenen Autors.

Andreas Erlenburg

Leise raschelt Seide

Erotische Gedichte

© 2021 Andreas Erlenburg

Herstellung und Verlag: BoD – Books on Demand,

Norderstedt

Printed in Germany

ISBN 978-3-7534-2070-7

Leise raschelt Seide

Wilder Sex

In unseren Ohren rauscht das Blut,
in meinem Schwanz der Lustsaft steigt.
Zum Glück die Möse ist klatschnass,
drum zöger' nun nicht länger ich
und dringe in dein Lustloch ein.

Von den Wänden hallt dein Stöhnen,
rhythmisch die Bettfedern knarren.
Die ganze Welt ringsum versinkt,
bis mit einem letzten Stöhnen
sich vermischen unsre Säfte.

***

Sex im Wald

Hand in Hand schlendern wir durch den
                                    Wald,
dringen dabei immer tiefer ein,
bis wir auf eine Lichtung stoßen,
die moosbedeckt verheißungsvoll lacht.

Die Kleidung fliegt sogleich von dannen
und küssend wir sinken zu Boden,
wo ich kann spüren deine Geilheit,
bezeugt von deiner nassen Möse.

Sofort mein Schwanz ist aufgerichtet,
liegt fest und heiß an deinem Körper,
während ich sauge deine Nippel
und tüchtig kraule deine Brüste.

Als die Geilheit unerträglich wird,
bettelst du um einen harten Fick,
bietest du dich an in Hundestellung,
weshalb ich mich nicht mehr halten kann.

Rasch ich stecke meinen Schwanz in dich,
ficke dich wild und wie von Sinnen,
während deine Lustschreie hallen
durch die grüne Waldeseinsamkeit.

Als mein Saft in deine Möse strömt,
erreichst auch du deinen Höhepunkt,
gemeinsam wir die Lust genießen,
entrückt von der Lebenswirklichkeit.

Keuchend liegen auf der Lichtung wir,
als aus dem Gebüsch ein Knacken dringt,
und als wir sehen genauer hin
ist's ein Wanderer, der sich leis' entfernt.

Hat er gesehen unsren Liebesakt?
Die Antwort darauf kennt nur der Wald,
aber der Gedanke macht uns scharf,
drum ficke ich dich gleich noch einmal.

***

Wunderbare Frau

Wunderbare Frau,

mit deinem sinnlichen Mund,

der mich fasziniert,

sollst du mir einen blasen,

bis zum Höhepunkt,

und wenn ich dann abspritze,

sollst du meinen Saft schlucken.

***

Herrliche Hügel
bilden die prallen Titten
unter der Bluse.

***

Sie gleitet auf mich,
sanft umkreist sie meine Brust
mit feuchter Möse.

***

Sanft massiert er sie,
dabei wird nichts vergessen,
auch nicht die Möse.

***

Es blitzen Titten
im fahlen Schein des Mondes.
Leise rauscht das Meer.

***

Sanft läuft der Geilsaft
aus der rasierten Möse
in den weißen Slip.

***

Mein Rohr ragt empor,
zittert vor wilder Wolllust
bei deinem Anblick.

***

Orgasmus 1

Deine Möse glüht,

während mein Schwanz dich nagelt,

hart, wie du es magst.

Die Augen werden glasig,

der Höhepunkt naht,

unaufhaltsam kocht er hoch

- dann entlädt sich unsre Lust.

***

Zwei Elfchen

Reizwäsche
erregt mich

an allen Orten

heizt meine Lust an

Augenschmaus

***

Strapse
locken verführerisch

an deinen Beinen

mein Schwanz wird steif

Lustgefühle

***

Flinker Zungenschlag.

Spiel mit deinem Verlangen

lässt den Schlitz dampfen.

****

Mein gesaugtes Glied

kann nicht mehr an sich halten.

Sie muss viel schlucken…

***

Sie wirft mich aufs Bett,

saugt gierig an meinem Glied.

Sie entjungfert mich.

***

Heute ist der Tag:
orale Entjungferung.
Schon lutscht sie mein Glied…

***

Lust überkam mich.
Sperma auf dem Fußboden.
Entleerte Hoden.

***

Während der Party
lecke ich deine Muschi.
Lustvolles Stöhnen.

***

Lustvolles Stöhnen
hallt durch das Barumer Moor,
wird immer schriller.

***

Fast ganz ohne Stoff,
präsentierst du dich vor mir,
nur in Netzstrümpfen.

***

Warmer Mösensaft
entströmt der heißen Pforte
durch das Fingerspiel.

***

Lusttraum

Ich sitze noch zu später Stunde
ganz allein in weiter Runde
über meiner vielen Arbeit
in des Büroraums Einsamkeit.

Im Traume die Gedanken schweifen,
lassen dein Bildnis vor mir reifen.
Ich träum, wie du mit deinen Händen
mir streichelst meine heißen Lenden,
wie dann dein Mund mich tut verwöhnen,
bis von den Wänden hallt mein Stöhnen,
doch lässt du mich noch nicht abspritzen,
denn dabei willst du auf mir sitzen.
Während Lustschwaden um uns schweben
wirst du für mich dein Röckchen heben,
damit dich füllt mein steifer Schwanz
und beginnen kann der Liebe Tanz.
Dann bumsen wir gar viele Runden
und zählen dabei keine Stunden.

Doch leider ist das nur ein Traum,

ich sitze noch in diesem Raum

inmitten meiner Arbeitsstätte

an einer unsichtbaren Kette.

***

Sanfte Berührung,

Eiswürfel küssen Nippel,

die Möse wird feucht…

***

Lustvoll stöhnst du auf,

mein Finger in deinem Po

lässt Geilsaft fließen…

***

Mein Schwanz entlädt sich,

gierig schluckst du mein Sperma.

Vitamincocktail.

***

Griff unter den Rock,
heiß pulsiert deine Möse,
lechzt nach einem Fick.

***

Feuchtigkeit im Slip,
heißes Verlangen nach Sex,
deine Möse kocht.

***

Während des Küssens
kraule ich deine Möse,
spüre die Nässe.

***

Gedanken

O, was für Lust hab ich auf dich,
verzehr nach deiner Möse mich!
Ich möchte deine Liebe spüren,
dich mit Haut und Haar verführen.
Ich würde deine Sinne reizen,
bis weit sich deine Beine spreizen,
dann würd' ich keine Zeit verschenken
und meinen Schwanz in dir versenken.
Danach ich tät die Möse lecken,
dir dein Lustloch tief ausschlecken,
um pur zu trinken deinen Geilsaft,
weil dieser schmeckt gar fabelhaft.
Wär' dann vorbei des Lustrausch Sein
gehör ich dir, wär' dann ganz dein,
ob Kuscheln, Reden oder Schweigen
erfüll ich dir den Wunschesreigen.
Nur eines gilt dabei dann immer:
Wenn die Lust wird wieder schlimmer,
ist's vorbei mit dem Gekuschel,
sofort geht's wieder an die Muschel,

dann bumsen wir die Runde Zwei,

vielleicht sogar auch Runde Drei.

So lebe ich für kurze Zeit

im Traume meine Lüsternheit,

bis die Arbeit mich tut zwingen

mich zuzuwenden andren Dingen.

Schade!

***

Männerfantasie (Haiku-Trilogie)

1

Sanft lutscht du mein Glied,

genießt die pralle Fülle

tief in deinem Mund.

2.

Heftiges Saugen,

dein Kopf wippt auf und nieder,

mein Höhepunkt naht.

3.

Stillhaltender Kopf,

Sperma spritzt aus meinem Glied.

Gieriges Schlucken.

***

Exquisiter Teefilter

Eine Woche lang
trägst du das gleiche Höschen
am Tag als auch nachts,
und masturbierst auch in ihm.
Dann nutze ich es
als köstlichen Teefilter
und genieße den Geschmack.

***

Sex im Regen

Der Wanderweg war schwach besucht,
das schwüle Wetter schreckte ab,
doch das uns beide störte nicht,
weil es uns gut gelegen kam.

Schnell wir gingen in ein Wäldchen,
wo ich fallen ließ die Hose,
während du mir präsentiertest
deine nackte Körpermitte.

Die Leidenschaft wich purer Lust,
und so liebkoste ich dich zart,
bevor ich dich gar heftig nahm
auf dem Moos unter Baumkronen.

Während wir gar tüchtig bumsten,
brachen alle Himmelsdämme,
starker Regen fiel hernieder,
doch schützte uns das Blätterdach.

Unbehelligt von dem Regen
trieben wir es munter weiter,
und des Regens wilde Rauschen
vermischte sich mit Lustgesang.

Da der Regen länger anhielt,
besorgte ich es dir mehrmals,
und als die Sonne wieder schien,
waren wir beide recht erschöpft.

Die Beine waren wackelig,
doch konnten sie uns noch tragen,
drum wankten wir den Weg zurück,
an Geist und Körper befriedigt.

***

Notbehelf

Du hast Lust auf Sex,
aber auch deine Regel,
drum drehst du dich um,
präsentierst mir deinen Po
aufreizend lässig.
Ich soll dich anal nehmen,
um deine Lust zu stillen.

***

Zwei Elfchen

Möse

glänzt feucht

zwischen deinen Beinen

du bist geil geworden

Feuchtgebiet

***

Nippel

werden hart

an deinen Brüsten

dein Lustempfinden ist geweckt

Liebeslust

***

Nach der Heimkehr

Als ich kam zurück nach Hause,
wurde ich bereits erwartet
von meiner vielgeliebten Frau
mit nur spärlicher Bekleidung.

Sie räkelte sich ganz lasziv
auf dem Teppich vor dem Kamin,
gehüllt in Dessous mit viel Spitze,
mich voll Ungeduld erwartend.

Sofort ich spürte Leidenschaft
und die Liebesglut entflammen,
wild sie wogten in den Lenden,
drängten mich zur Liebesgrotte.

Rasch ich habe mich entkleidet,
suchte dann nach deiner Nähe,
und eh der Tag vergangen war,
war deine Glut mehrmals gelöscht.

Mit Zunge und mit Liebesspeer
ich meiner Liebsten huldigte,
bescherte süße Wonnen ihr,
die sie laut zum ‚Singen' brachten.

Als ich dann schließlich war erschöpft,
zeigte sie sich sehr erkenntlich,
ließ gekonnt die Glocken klingeln,
presste aus den letzten Tropfen.

Schließlich wir waren beide matt,
bedeckt von großer Müdigkeit,
wir schliefen vor dem Kamin ein,
glücklich und zutiefst befriedigt.

***

Lustvolles Stöhnen
begleitet mein Zungenspiel
in deiner Möse...

***

Ich will abspritzen,
doch du lutscht einfach weiter,
willst die Lust steigern...

***

Stürmische Küsse,
sanfte Streicheleinheiten.
Dein Schlitz ist bereit.

***

Langlauf der Frauen,
die Kamera zoomt heran.
Wippende Titten.

***

Heftig pocht die Lust,
will sich in dir verströmen.
Genießen wir es.

***

Sanft reibst du mein Glied,
heißes Sperma spritzt heraus.
Befleckter Teppich.

***

Im Bad

Als ich morgens kam ins Bad
warst du unter der Dusche,
doch als ich gehen wollte,
hieltest du mich davon ab.

Entfernt auf Armeslänge
standest du ganz nackt vor mir,
dein Haar vor Nässe glänzend,
der Körper vor Lust bebend.

Für mich gab es kein Halten,
deiner Lockung gab ich nach,
und eh wir uns versahen,
verschmolzen unsre Lippen.

Als das war nicht mehr genug,
hast du mich schnell entkleidet,
danach es ging zur Dusche,
die du rasch hast angedreht.

Es rann das warme Wasser
über erhitzte Leiber,
nur schwach das leise Plätschern
übertraf das Lustgestöhn.

Als die Lust befriedigt war,
reinigte uns das Wasser,
spülte hinfort den Lustsaft,
der aus deinem Loche lief.

Es war ein guter Auftakt
für den neuen Arbeitstag,
so wir starteten beschwingt
mit einem frohen Lächeln.

***

Verführung 2

Mit sanftem Lächeln
hebst du langsam den Rocksaum,
enthüllst die Möse,
die nackt und unbehaart ist,
von Strapsen umrahmt,
feucht von deinem Liebessaft,
lustvoll des Schwanzes harrend.

***

Rasch fliegt der Slip weg,
schon stehst du gebückt vor mir,
bereit für den Fick.

***

Die Nachtigall singt,
ich küsse deine Pflaume
unterm Pflaumenbaum.

***

Stoßende Finger
erreichen die Klitoris,
lassen dich stöhnen.

***

Ein Voyeur

Im Urlaub ist man lange wach,
streift nächtens durch die Gegend,
und kehrt man ins Hotel zurück,
herrscht ringsum tiefes Dunkel.

Doch diesmal etwas anders war,
denn ich sah Licht in einem Zimmer,
das lag gleich meinem gegenüber
und strahlte wie ein Stern am Himmel.

Nicht geschlossen war der Vorhang,
ganz deutlich war das Paar zu sehn,
am Anfang noch vom Liebesspiel,
sie in Dessous und nicht ganz nackt.

Aufreizend sich die Frau bewegte,
lachend fuhr sie durch ihr Haar,
neckisch sie den Mann berührte,
dann langsam fielen letzte Hüllen.

Rasch fiel nun des Mannes Kleidung,

gierig griff er nach der Frau,

unverkennbar war sein Ständer,

der ragte heiß und geil empor.

Nicht lange zögerte die Frau

und bückte sich ganz tief hinab,

sofort der Mann schob seinen Speer

tief in ihr nasses Lustloch rein.

Sie bumsten nun recht kurze Zeit,

dann spritzte schon sein Samen,

flutete die heiße Möse

und bereitete Vergnügen.

Nun die Frau zum Bette ging,

wo sie lasziv sich niederlegte,

ihre Beine weit gespreizt,

bereit für ihres Mannes Zunge.

Rasch der Mann sich niederkniete
und sofort sein Werk begann,
die Arbeit er wohl gut getan,
Verzückung zierte ihr Gesicht.

Als er mit Lecken fertig war,
stand er voll Freude vor dem Bette,
sein Schwanz schon wieder war bereit,
was die Frau sogleich bemerkte.

Sofort sie fiel auf ihre Knie,
ergriff des Mannes Männlichkeit,
züngelte am Schaft entlang,
dabei die Hoden sanft massierend.

Dann nahm sein Glied sie in den Mund,
ihr Kopf nun heftig nickte,
und nach gar nicht langer Zeit
bekam sie Saft zu schlucken.

Danach die beiden küssten sich
gar zärtlich auf die Münder,
wie gerne wäre ich nun er,
weil mir recht heiß geworden war.

Als die Frau zum Fenster ging,
bekam vom Mann sie einen Klaps,
lachend sie den Vorhang schloss,
das Lustspielende war erreicht.

Zurück ich blieb als ein Voyeur
mit einem Wahnsinnsständer,
die kalte Dusche half nicht viel,
drum musste helfen Handarbeit.

***

Ein sanftes Vorspiel,

die Pflaume nass vom Geilsaft,

verlangt nach dem Schwanz…

***

Während der Feier

zieht sie mich zur Toilette.

Wir bumsen stehend.

***

Gurrende Laute,

Saft läuft die Beine herab.

Geschwollene Klit.

***

42

Mein Schwanz wird ganz steif
beim Anblick deiner Titten,
und dann wird er feucht…

***

Deine Möse kocht,
verlangt nach meinem Ständer
- schon fliegt dein Slip weg…

***

Ein Fick mit Fingern,
schnell wird ihre Möse nass,
läuft schließlich über…

***

Liebe im Wald

Im grünen Wald zur Sommerzeit
liegt verträumt ein junges Paar,
die Umgebung nicht beachtend,
ganz vertieft ins Liebesspiel.

Hochgeschoben ist ihr T-Shirt,
blanke Brüste leuchten hell,
voller Gier leckt seine Zunge
über rote, steife Nippel.

Der kurze Rock ist hochgeschoben,
in ihrem Slip steckt seine Hand,
sanft massiert er ihr Geschlecht,
was Lustgestöhn der Frau entlockt.

Als das Vorspiel ist beendet
und die Möse trieft vor Nässe,
springt der Mann aus seiner Hose,
kniet hernieder zu der Frau.

Kaum sieht sie den prallen Schwanz,

spreizt sie lustbebend ihre Beine,

gleich darauf beginnt der Akt,

sein Speer steckt tief in ihrem Loch.

Nun sie bumsen voller Freude,

stöhnen dabei um die Wette,

und als es schließlich beiden kommt,

hallt durch den Wald ihr Lustgeschrei.

***

Prachtvolle Brüste

Endlich ist es nun soweit,
langsam deine Bluse fällt,
gleich darauf auch dein BH,
und ich kann die Brüste sehn.

Deine Brüste sind recht groß,
auch sind sie wohlgerundet,
schimmernd in einem Weiß,
wie es sonst nur Marmor tut.

Ich umfasse sie sehr sanft,
spüre ihre Festigkeit,
doch auch die Verletzlichkeit
von diesen Wunderwerken.

Nun die Lust mich überkommt,
und sogleich ich küsse sie,
erst das wohlgeformte Rund,
dann deine süßen Nippel.

Irgendwann reicht Küssen nicht,
um zu Löschen meine Lust,
darum ich lasse kreisen
die Zunge um die Nippel.

Dein Stöhnen wird nun lauter,
mein Lecken immer wilder,
und als ich sanft dann beiße,
erreicht die Lust den Gipfel.

Ein Orgasmus schüttelt dich,
Lustsaft entströmt der Möse,
das Spiel mit deinen Brüsten
hat dich erregt aufs Höchste.

Was wohl erst geschehen wird,
wenn ich mit der Möse spiele,
da dieses kleine Vorspiel
dir schon soviel Lust beschert?

***

Du lutscht meinen Schwanz,
ignorierst den prallen Sack,
bringst mich zum Winseln…

***

Ein schlimmer Finger
spielt an deiner Rosette,
dringt dann ganz sanft ein…

***

Mit kirschrotem Mund
saugst du gierig meinen Schwanz
zu später Stunde.

***

Mein steifer Ständer
spielt an deiner Rosette,
dringt dann endlich ein…

***

Eines Mannes Hand
gleitet sanft in deinen Slip,
spielt mit der Möse.

***

Du machst dich rasch frei,
bietest mir dein Lustloch an
und bettelst um Sex…

***

Gelegenheit

Vorüber das Betriebsfest,
die andren schon gegangen,
einzig du warst noch bei mir,
halfst Ordnung mir zu schaffen.

Verliebt war ich schon lange,
doch nie allein wir waren,
drum das die Chance nun war,
auf die gehofft ich hatte.

Ich wollte dich ansprechen,
als du tratest vor mich hin,
und noch eh ich mich versah,
spürte ich deine Küsse.

Rasch flogen fort die Kleider,
dann eilten unsre Hände
begierig über Körper,
erforschten alle Stellen.

Wir wussten, was wir taten,

erzeugten Glücksgefühle,

ließen fliegen unsren Geist

in die Sphären höchsten Glücks.

Als dann mein Speer sich senkte

in deine Liebesgrotte,

dein Lustgesang erschallte,

den ganzen Raum erfüllend.

Seitdem wir sind zusammen,

genießen unsre Liebe,

nicht immer nur zu Hause,

auch manchmal in der Firma.

Nostalgie es für uns ist,

uns inniglich zu lieben

am Ort des ersten Kusses,

ganz heimlich wie auch damals.

***

Wildes Verlangen

Als an meiner Tür du klingelst,
öffne ich mit frohem Herzen,
weil die Liebste ist gekommen,
zu verbringen schöne Stunden.

Während wir ein wenig plaudern,
knistert vor heißer Lust die Luft,
bis wir es nicht mehr aushalten
und Oberhand die Lust bekommt.

Heiße Lippen berühren sich,
geben innigliche Küsse,
derweil unsre Zungen tanzen
losgelassen im höchsten Glück.

Schnell dann reißen unsre Hände
die Kleidung von den Körpern fort,
wild vor Lust die Leiber beben,
sich sehnend nach dem Höhepunkt.

Ich führe meinen Liebesspeer
tief in deine feuchte Grotte,
und wir huldigen dem Eros
auf die altbekannte Weise.

Als dann die erste Glut gelöscht,
die Körper haben etwas Ruh,
doch sehnt der Geist sich nach viel mehr,
drum wiederholt sich unser Spiel.

Die Liebesakte enden erst,
wenn unsre Körper sind erschöpft,
dann eng umschlungen ruhen wir,
genießend unsre Zweisamkeit.

***

Du präsentierst dich
wie die notgeilen Stuten
der Weiberfasnacht.

***

Welch geile Möse
verbirgt wohl der kurze Rock
meiner Friseurin?

***

Tief dringe ich ein,
Lustschreie begleiten mich
bei unserem Fick.

***

Du lutscht meinen Schwanz,
treibst mich in höchste Sphären
mit deiner Technik.

***

Rosen auf dem Slip
bewachen deine Möse,
ganz ohne Dornen.

***

Kochende Möse,
wildes Verlangen nach Sex,
hart und hemmungslos.

***

Spaß im Büro

Meine Arbeit im Büro
ist heute gar sehr öde,
langsam steigt der Frust in mir,
was rasch die Kollegin spürt,
und um mich zu erfreuen,
öffnet sie ihre Bluse.

Verblüfft ich starre sie an,
danach auf ihren BH,
sie lächelt verschmitzt mich an,
und lässt die Hülle fallen,
ihre Brüste sind nun blank,
was mir beschert viel Freude.

Langsam hebt sie an den Rock,
ein Slip verdeckt die Muschi,
doch nicht lange bleibt er dort,
denn schon fällt auch er hinab,
gut, dass es recht spät schon ist,
wir allein im Hause sind.

Mein Mund ist plötzlich trocken,
dafür pulsiert heiß mein Glied,
drängt gegen den Hosenstoff,
giert nach der heißen Grotte,
die sich frei mir präsentiert,
zu einem Besuch mich lockt.

Sie kommt zu mir herüber
und hilft mir aus der Kleidung,
ich muss mich wieder setzen,
denn nun sie tritt über mich,
dann greift sie meinen Penis,
führt ihn in die Muschi ein.

Kaum steckt tief mein Glied in ihr,
beginnt sie mich zu reiten,
sie fängt nicht an zu traben,
sondern reitet gleich Galopp,
begleitet mit viel Stöhnen,
was uns führt zum Höhepunkt.

Doch ist kaum vollbracht das Werk,
nimmt sie Platz auf meinem Tisch,
spreizt gar recht weit die Beine,
so dass ist klar der Auftrag,
drum leck ich ihre Muschi,
schmecke die beiden Säfte.

Als getan ist dieses Werk,
glaube ich an das Ende,
doch sie will von mir noch mehr,
hat noch lange nicht genug,
drum legt sie sich nun anders,
bietet an mir ihre Pracht.

Wie soll ich sie bloß nehmen,
zwei Löcher mein Glied locken,
ich bin mir recht unschlüssig,
doch drängt sie mich zur Eile,
kann es nicht mehr erwarten,
erneut gebumst zu werden.

Nun entscheide ich spontan,
will sie nehmen jetzt anal,
und kaum sind vereint wir zwei,
hallt ihr Stöhnen durch den Raum,
vermengt mit meinem Keuchen,
während die Seelen schweben.

Als wir dann beide kommen,
genießen wir die Freude,
doch fühlen wir uns müde,
ausgelaugt hat uns der Sex,
dazu es ist schon recht spät,
wir müssen uns nun trennen.

Schweigsam kleiden wir uns an,
doch schenken wir uns Blicke,
die einander versichern,
dass dies ein Geheimnis bleibt,
dann fahren wir nach Hause
zu unsren Ehepartnern.

***

Ohne Titel

Heißes Liebesspiel,
laut durchfährt den ganzen Raum
dein Stöhnen vor Lust,
lässt Nachbarn neidisch werden,
die uns heimlich zuhören.

***

Ohne Titel

Du spreizt die Beine
voll freudiger Erwartung
auf den Liebesakt,
während dein Mann im Büro
eine Kollegin vögelt.

***

Wippende Titten
während deines wilden Ritts
heizen mir voll ein.

***

2415
Du suchst nach Dessous,
durchforstest das Internet.
Mein Mund wird trocken.

***

Nackt und glattrasiert
liegt deine Möse vor mir,
Lusttropfen perlen.

***

Unter der Dusche

Unter der Dusche stehend
genoss ich des Wassers Strahl,
seifte dann den Körper ein,
um ihn gleich abzuduschen.

Plötzlich hörte ich die Tür,
dann folgten schnelle Schritte,
beiseite schwang der Vorhang,
und du tratest nackt zu mir.

Zu zweit es ist viel schöner
die Dusche zu benutzen,
so wir alberten herum,
bis die Lust uns überkam.

Trotz des beengten Platzes
wir fanden ineinander,
trieben es gar furchtbar wild,
bis wir Erfüllung fanden.

Nach dem wilden Liebesspiel
wuschen wir unsre Körper,
gekonnt wir dabei spielten
an erogenen Zonen.

Als die Lust gesättigt war,
verließen wir die Dusche,
wanderten ins Schlafzimmer
und schmusten lange weiter.

***

Kostümiert

Abends, auf dem Sofa sitzend,
ruhe ich von der Arbeit aus,
bin erschöpft und ziemlich müde
von des Tages harten Lasten.

Du hingegen möchtest Liebe,
die Lust brennt schon den ganzen Tag,
drum hast du heute überlegt,
wie du mich überraschen kannst.

Als du dann stehst im Türrahmen,
verschlägt es glatt den Atem mir:
Du bist gekleidet ganz gewagt
als Dienstmädchen mit kurzem Rock.

Dein Anblick mich erst sprachlos macht,
doch dann schnell die Säfte steigen,
drum rasch ich zieh dich zu mir hin
und setze dich auf meinen Schoß.

Dann erforschen meine Hände
jede Stelle von dem Kostüm,
derweil mein steifer Liebesspeer
hart gegen meine Hose drückt.

Drum ich fackle jetzt nicht länger,
lass dich bücken vor dem Sofa,
spring derweil aus meiner Kleidung,
gehe dann zum Angriff über.

Schnell dein Slip ist ausgezogen,
feucht glänzt entgegen mir dein Loch,
dann dringe rasch ich in dich ein,
stoße uns in höchste Sphären.

Deine Brüste lieblich wackeln,
was das Kostüm kaum kann stoppen,
laut hallt dein Stöhnen durch den Raum,
hinzu kommt dann noch mein ‚Gesang'.

Verflogen ist die Müdigkeit,

schnell folgen Durchgang zwei und drei,

danach ich dich beglücke noch

mit den Fingern und der Zunge.

Am Ende bist du ausgelaugt,

doch trotz des wilden Liebesspiels

trägst du noch immer das Kostüm,

das stets befeuert meine Lust.

***

Noch junges Gras,

ungeniert reitest du mich,

stöhnst vor Ekstase.

***

Wildes Liebesspiel,

hart reitest du meinen Schwanz,

stöhnst laut vor Wolllust.

***

Du gehst auf die Knie,

reckst mir den Po entgegen,

wünscht dir Analsex.

***

Wildes Verlangen,

in den Ohren rauscht das Blut,

deine Möse trieft.

***

Die Möse läuft aus,

der Fluss des Geilsafts schwillt an,

durchnässt dein Höschen.

***

Sanft kreist die Zunge,

Feuchtigkeit hinterlassend,

an deinen Nippeln.

***

Orale Freuden (Haiku-Trilogie)

1

Offene Möse,

sanft dringt meine Zunge ein,

schmeckt deine Nässe.

2

Sinnliches Lecken,

unermüdliches Züngeln,

dein Orgasmus naht.

3

Heftiges Zucken,

Mösensaft fließt in Strömen.

Gierig trinke ich.

***

Orale Freuden 2

Während draußen Vögel singen,
sitze ich auf deinem Sofa,
mein Unterleib ist ganz entblößt,
das steife Glied ragt hoch empor.

Du kniest zwischen meinen Beinen,
streichelst mit der Hand den Penis,
leckst mit deiner Zungenspitze
an dem kleinen Schlitz der Eichel.

Du schmeckst den ersten Liebestau,
der als winzigkleiner Tropfen
aus meiner Eichel lieblich quillt,
dir die Lippen zärtlich benetzt.

Die roten Lippen stülpst du dann
über die Eichel und den Schaft,
saugst dich daran tüchtig fest,
was stets mir große Lust beschert.

Dann brechen alle Hemmschwellen,

jetzt kann dich nichts mehr aufhalten,

du leckst und lutscht an meinem Glied,

gibst dich ganz dem Lippenspiel hin.

Als schließlich kommt mein Höhepunkt,

saugst du den letzten Tropfen aus,

dann küsst du lächelnd mein Gesicht,

und ich kann schmecken meinen Saft.

Wenn wir dann wieder lüstern sind,

werden wir es wieder treiben,

jedoch beglücke ich dann dich,

werde lecken deine Grotte.

***

Nach dem Wettkampf

Beendet sind die Wettkämpfe,
alle Preise nun vergeben,
jetzt wir wollen alle feiern,
ausgelassen und recht heiter.

Schon den ganzen Abend über
fällt mir eine tolle Frau auf:
Schlank und blond, eine Läuferin,
die auch zu mir herüberschaut.

Als ich trete an sie heran,
spüre ich große Erwartung,
geweckt von wildem Verlangen
greifst du rasch nach meinen Händen.

Schnell geht es in den Park hinaus,
und schon im nächsten Augenblick
vereinen sich unsre Lippen
zu einem stürmischen Kusse.

Doch schnell wir wollen noch viel mehr,

wollen spüren unsre Körper,

wild vereint im Liebestaumel,

alles um uns her vergessend.

Hinter einem kleinen Busche

sind wir geschützt vor Blicken,

dort wir treiben es nun heftig,

widmen uns nur der Leidenschaft.

Danach wir ziehen uns zurück,

verlassen die große Feier,

eilen rasch zu deinem Hotel,

treiben es dort in deinem Bett.

Auch wenn anstrengend ist der Sport,

gibt es magische Momente,

abseits aller Wettkampfstätten

hinter Hecken und in Betten.

***

Schwere Erkältung,

nun ist sie überstanden

- Gier nach einem Fick.

***

Kochend heißer Schlitz,

ganz nass von wilder Liebe,

nach mehr verlangend.

***

Vor Hitze dampfend

offenbart sich mir dein Schlitz,

nach Sex verlangend.

***

Du bist zufrieden,
leckst dir genüsslich den Mund.
Ich bin nur müde.

***

Traute Zweisamkeit.
Sanft kraulst du meine Eier,
lässt den Geist fliegen.

***

Wir sind im Kino,
sanft streichelst du mein Gemächt.
Unwichtiger Film

***

Das erste Mal

Endlich war der Tag gekommen,
an dem ich wollte haben Sex,
für mich war es das erste Mal,
darum war ich sehr aufgeregt.

In des Städtchens Erosgasse
beäugte ich die Frauen dort,
ließ mir viel Zeit bei meiner Wahl,
wurde von allen angelockt.

Schließlich meine Entscheidung fiel
auf eine rassige Schönheit,
hoch gewachsen, mit schwarzem Haar,
strahlte sie sehr viel Ruhe aus.

Sie erkannte mich als Jungmann,
nahm sich darum gar recht viel Zeit,
ließ ausgiebig sich anfassen,
bevor sie mich entjungferte.

Nach einem heißen, wilden Ritt
entlud ich mich in dieser Frau,
lernte kennen des Eros Frucht,
die ich möchte nicht mehr missen.

Dankbar bin ich dieser Nutte,
dass sie zeigte mir behutsam,
wie man eine Frau muss nehmen,
damit beide haben viel Spaß.

***

Heiße Küsse

Angekommen vor der Haustür
verharren wir recht zaudernd erst,
doch als entsteht Verlegenheit,
trete ich nah an dich heran.

Herrlich rot die Lippen schimmern,
vor Erregung sie leicht beben,
während zeigen mir die Sinne,
dass du erwartest einen Kuss.

Gerne bin ich dir zu Diensten,
nehme an dein lieblich' Geschenk,
drum ich presse meine Lippen
auf deinen wunderbaren Mund.

Doch nicht nur beim Kusse bleibt es,
denn zwei Zungen wandern zügig
hinüber zu dem Gegenstück,
ergötzen sich mit wildem Tanz.

Unersättlich sind die Münder,

tauschen heftig der Küsse viel,

finden überhaupt kein Ende,

genießen nur das Hier und Jetzt.

Die Welt verschwimmt rings um uns her

hinter einem dichten Nebel,

den die Leidenschaft errichtet

um zwei sich innig Liebende.

***

Sie folgt mir heimlich
auf die Herrentoilette.
Jetzt wird es reizvoll.

***

Mein Schwanz pocht ganz wild,
ich wünsche mir einen Fick.
Umweg zum Bordell.

***

Nackt auf dem Sofa,
einen Sexfilm ansehend.
Langsames Wichsen.

***

Die Reiterin (Haiku-Trilogie)

1

Eine Reiterin
galoppiert über ein Feld.
Die Möse wird feucht.

2

Sie reitet weiter
in einem zügigen Trab.
Klatschnasser Schlüpfer.

3

Zurück auf dem Hof
greift sie sich den Stallburschen.
Wilder Ritt im Heu.

***

Freie Sicht

Es war ein heißer Sommertag,
das Strandbad wieder gut gefüllt,
mit jung und alt, mit groß und klein,
es gab ein großes Gedränge.

Unter den vielen Besuchern
waren reichlich hübsche Frauen,
die in knapper Bademode
einen netten Anblick boten.

Sie zogen sich am Strand nicht um,
sondern gingen in Kabinen,
doch viele Frauen wussten nicht:
Manch Wand hatte ein kleines Loch.

So stand mancher junge Bursche
heimlich hinter den Kabinen,
schaute sich hübsche Frauen an,
mehr noch die weiblichen Formen.

Doch manche Frau wusste darum,
doch anstatt sich zu genieren,
machte sie aus dem Umkleiden
eine Stripshow für die Jungen.

War sie endlich umgezogen,
eilte sie rasch zur Rückseite,
freute sich über die Beulen
in der Jungen Badehose.

***

Einfallsreiche Abiturientin

(Haiku-Dodekalogie)

1

Sie ist achtzehn Jahr,

in der dreizehnten Klasse.

Das Abi ist nah.

2

Sie hat ein Problem,

Mathematik fällt ihr schwer.

Es droht Ungemach.

3

Der Lehrer ist jung,

drum ersinnt sie eine List.

Ein gewagtes Spiel

4

Seit ihrem Entschluss

trägt sie immer einen Rock.

Dem Lehrer gefällt's.

5

Ein neuer Sitzplatz,

nun in der ersten Reihe.

Erstaunter Lehrer.

6

Die nächste Stunde,

der Rocksaum rutscht langsam hoch.

Kokettes Lächeln.

7

Der Saum ist oben,
sie spreizt weit ihre Beine.
Rasierte Möse.

8

Der Lehrer schluckt hart,
mühsam unterrichtet er.
Endlich ist Pause.

9

Schüchterner Lehrer,
forsche Schülerin vor ihm.
Liebevoller Kuss.

10

Geheime Treffen

voller wilder Liebeslust.

Die Note wird gut.

11

Beide treiben es

bis zum Schuljahresende.

Diskrete Treffen.

12

Das Ziel ist erreicht,

Sieg für die Waffen der Frau:

Tolle Endnote!

***

Lust am Strand

Die Sonne brennt vom Himmelszelt,
der Strand am Meer ist gut besucht,
dicht an dicht die Menschen liegen,
genießen still ihr Sonnenbad.

Neben mir liegt meine Freundin,
trägt vom Bikini nur den Slip,
denn sie sonnt sich oben ohne,
empfindet dabei keine Scham.

Ihr Anblick ist gar zauberhaft,
die Wirkung ihr sehr wohl bewusst,
auch dass nun spannt der dünne Stoff
von meinen weiten Badeshorts.

Manchmal, wie um mich zu ärgern,
streichelt sie mit ihren Händen
zärtlich über ihre Brüste,
worauf Nippel sich verhärten.

Ich genieße dieses Schauspiel,
möchte küssen ihre Lippen,
dabei spüren ihre Brüste,
wie sie meine Brust antippen.

Doch ich muss mich noch gedulden,
weil sie genießt ihr Sonnenbad,
doch sobald sie geht ins Wasser,
werde ich ihr dorthin folgen.

Im Schutze des blauen Meeres
werd ich streicheln ihre Brüste
und sanft küssen ihren Nacken,
um anzuheizen ihre Lust.

Doch das alles ist nur Vorspiel,
mit Lusterfüllung warten wir,
bis wir sind wieder im Hotel,
wo wir es treiben ungeniert.

***

Herbstlust

Hell strahlt vom Himmel die Sonne,
doch es weht bitterkalter Wind,
so dass du eng dich an mich schmiegst,
was unsre Lust in Wallung bringt.

Drum die Kühle ist vergessen,
jetzt nur noch die Herzen sprechen,
und auf rotem Blätterteppich
küssen wir uns wild und heftig.

Gerne würde ich dich nehmen
gleich auf dem kleinen Waldweg hier,
doch der Wind verhindert leider,
dass du dich öffnest mir im Wald.

Drum kehren rasch wir wieder um,
eilen zum Parkplatz hinüber,
wo wir uns im Auto lieben,
während uns wärmt die Standheizung.

***

Augen voller Lust,
die Möse dampft vor Geilheit
- gleich wird sie kochen…

***

Ein tiefer Blick
voller Lust und Verlangen
- schon fließt ihr Geilsaft…

***

Ich ziehe mich aus,
mein Schwanz steht wie eine Eins.
Gleich lutscht du ihn mir.

***

Kleine Weisheit

Manchmal braucht man keine Liebe,
um zu leben seine Triebe,
man geht dann einfach in den Puff,
gibt hin sich Nutten und dem Suff.

Doch wenn du nicht willst gehen raus,
bestell dir eine in dein Haus,
dort sie kann dich dann entzücken
und in Eros Welt entrücken.

Doch an eines musst du denken:
Keine wird dir etwas schenken,
also brauchst du viele Mücken,
sollen Nutten dich beglücken.

***

Dein großer Busen
lässt mich Hunger verspüren.
Lustvolles Saugen.

***

Aus deiner Möse
perlt ein kleiner Lusttropfen
beim Nippellecken.

***

Du kraulst mein Geschlecht,
mein Stöhnen erfüllt den Raum.
Du willst mich in dir!

***

Du bist sehr bekannt
als Frau mit dem scharfen Po.
Gezielter Einsatz.

***

Ich liebe dich sehr,
in mir kocht die heiße Lust,
will sich entladen.

***

Du bist gern nuttig,
aber nur bei deinem Freund
im sicheren Haus.

***

Langsam fällt mein Slip,

mein Glied schnellt steil nach oben,

dein Mund nimmt es auf.

***

Hochgeschlitztes Kleid,

beim Sitzen klafft es weit auf.

Was für ein Luder!

***

Aufreizend geschminkt,

offenherzige Kleidung

- du zeigst dich gern nuttig.

***

Bürotreiben 2

Es ist spät, die Luft ist für uns rein,
im Büro sind wir nun ganz allein,
darauf haben wir gewartet bloß,
nun sitzt du ganz nackt auf meinem Schoß.

Ich liebe es, mit dir zu schmusen,
dabei zu spüren deinen Busen,
wie er sich fest an mich drückt ganz sacht,
ich spüre, dass deine Lust erwacht.

Deine Nippel sind so hart wie Stein,
dabei fest und groß, nicht mehr so klein,
schon ich muss meine Lippen lecken,
gleich werden sie an Nippeln schlecken.

Danach ich will dich tüchtig kosen,
dazu fallen auch meine Hosen,
so dass ich dich kann richtig lieben,
mein Glied in deinen Schlitz kann schieben.

Kaum ist er drinnen, beginnt der Ritt,
voller Lust gehen wir beide mit,
bis den Höhepunkt wir erreichen,
der Liebeslust ihr höchstes Zeichen.

Danach wir treiben es noch weiter,
mal leckst du mich, mal bin ich Reiter,
wir küssen uns ständig auf den Mund,
stecken die Zungen in unsren Schlund.

Ist der letzte Tropfen ausgesaugt,
sind die Körper matt und ausgelaugt,
fährt ein jeder in sein Zuhause,
hat unsre Lust bis morgen Pause.

Hat man das richtige Augenmaß
kann man haben im Büro viel Spaß,
guten Sex wollen alle Frauen,
man muss hoffen, dass sie sich trauen.

***

Im Rausch der Sinne

(Haiku-Pentalogie)

1

Die Tür öffnet sich,

endlich sind wir ungestört.

Küsse im Hausflur.

2

Starkes Lustgefühl,

die Schuhe fliegen vom Fuß.

Wilde Begierde.

3

Voller Ungeduld

zerren wir an der Kleidung.

Wir sind beide feucht.

4

Raschelnd reißt der Stoff,

deine Brüste erscheinen.

Steife Brustwarzen.

5

Endlich sind wir nackt,

rhythmisch knarrt das Bettgestell.

Hemmungslose Lust.

***

Raffinesse

Sanfte Verführung,
nach allen Regeln der Kunst
fallen die Hüllen,
erst zeigst du dich in Dessous,
dann in deiner nackten Pracht.

***

Vor meinen Augen
schaukelst du deine Titten.
Lockruf der Natur.

***

Striptease im TV,
lüstern onaniere ich.
Ein einsamer Mensch.

***

Heiße Liebkosung,
langsam wird dein Schlüpfer nass.
Wildes Verlangen.

***

Heißer Mösensaft,
Ergebnis meines Streichelns,
fließt durch die Finger.

***

Mein heißes Sperma
quillt zwischen deinen Fingern.
Folge des Melkens.

***

Wippende Titten,
unten kneifen die Höschen.
Start beim Frauenlauf.

***

Fortbildung

Fortbildung ist gar wichtig,
am Tage lernt man sehr viel,
doch die Nächte sind einsam,
ist man in der Stadt ganz fremd.

Damit ist man nicht allein,
den andren geht es auch so,
und so trinkt man an der Bar
so manches Glas gemeinsam.

Dann geht man auf sein Zimmer,
allein, dazu gelangweilt,
hofft auf ein rasches Ende,
das so schnell nicht kommen wird.

Als ich wieder mal allein
gelangweilt saß im Zimmer,
klopfte jäh es an der Tür,
was mich zutiefst verwirrte.

Vor der Tür stand eine Frau
aus dem gleichen Bildungskurs,
gehüllt in einen Mantel,
den Einlass heiß begehrend.

Ich bat sie in mein Zimmer,
sie ließ den Mantel fallen,
darunter sie war ganz nackt,
der Anblick mich erregte.

Fort war die Langeweile,
nun regierte pure Lust,
rasch flog meine Kleidung fort,
dann sprangen wir gleich ins Bett.

Lange quietschte dann das Bett,
wir trieben es gar heftig,
liebten uns die ganze Nacht,
bis hin zum Morgengrauen.

Der Tag darauf war böse,

wir waren beide müde,

hatten darum viel Mühe,

die Reden zu begreifen.

Doch schon in der nächsten Nacht

waren wir wieder hellwach,

trieben es jetzt noch bunter,

genossen die Ekstase.

Doch Bildungsreisen enden,

gute Bettgeschichten nicht,

wann immer es ist möglich,

bilden wir uns gemeinsam.

***

Zwischen die Brüste
ist mein nacktes Glied geklemmt.
Wilder Tittenfick

***

Mein Rohr ragt empor,
zittert vor wilder Wolllust
bei deinem Anblick.

***

Du hast zarte Haut,
die Beine sind glatt rasiert.
Ist es der Schlitz auch?

***

Weitere Bücher von

Andreas Erlenburg

Haar so weich wie Samt

Erotische Haiku

ISBN 978-3-7481 5959-9

Ich lausche unserer Lust

Erotische Gedichte

ISBN 978-3-7519-5799-1

Lesen Sie auch den Gedichtband
meiner Freundin

Yvonne Satin

Ich öffne mich für dich

Erotische Gedichte

ISBN 978-3-7519 5476-1